milieux des gestes

collection « encre marine »
ISBN : 978-2-35088-096-9

michel danton & corinne enaudeau

milieux des gestes

encre marine

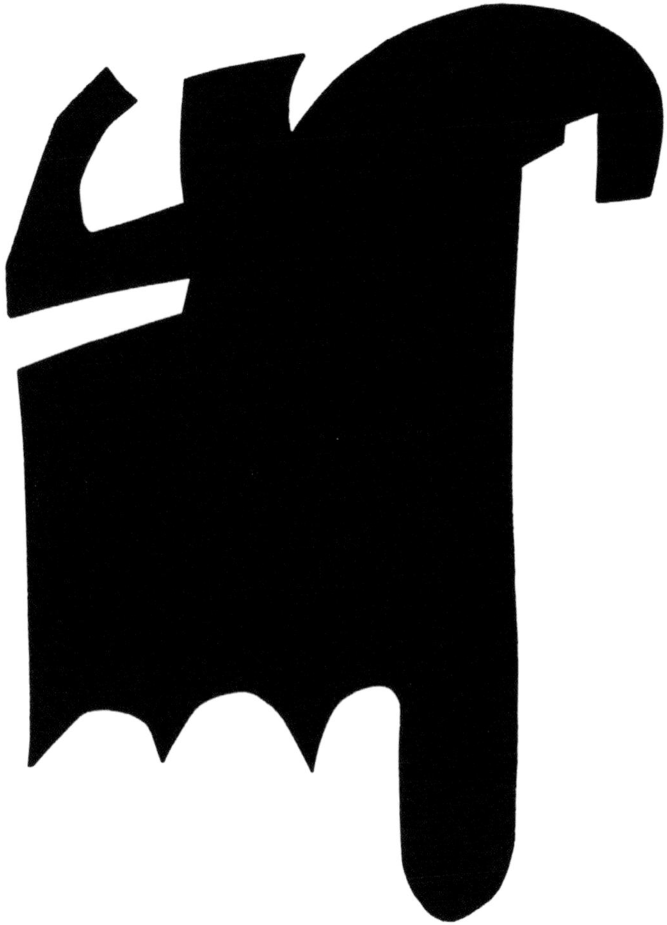

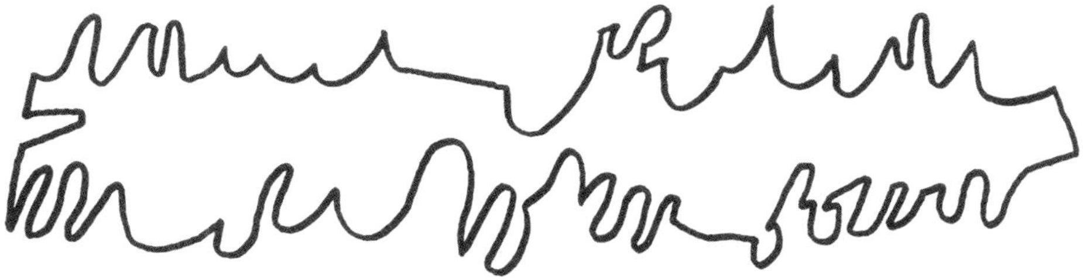

Tiares d'une liturgie oubliée, coiffes de mascarade sorties de ces contrées du Nord où les rois, entre vents et brouillards, jouent leur propre bouffon avant de se suicider. Graphes pour une machine volante qu'Icare ou Vinci verraient plus affine au luxe sidéral. Petits dragons joyeux remédiant la nuit aux bévues des enfants. À tout le moins, formes. Formes intrépides, nettes, franches. Formes vivantes, organiques, crapahutant sur le papier dans une locomotion compliquée, mais légère. Formes résolues à sortir du trou où de funestes dessins les ont enfermées, à briser le charme qui les a pétrifiées, pour partir, en chantant, sifflant et grognant vers l'aventure plastique.

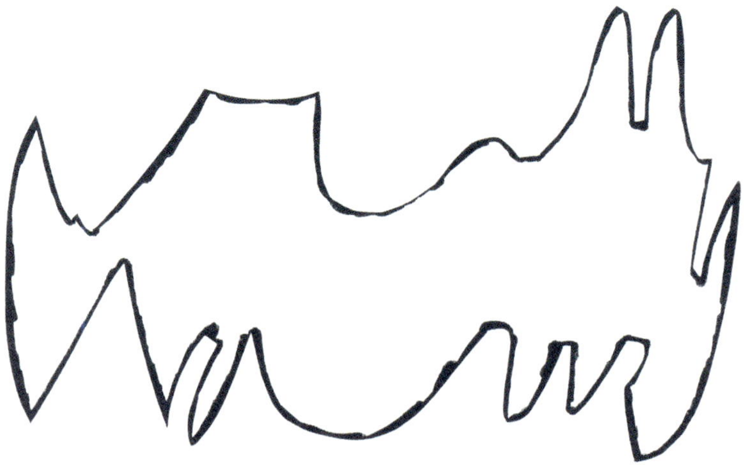

Corps trop lourds pour danser, patauds, mais heureux de franchir les lisières que des maîtres hautains leur ont imposées. Corps à la marge, naviguant entre les balises, le nez aplati de s'être écrasé contre les butées de l'ordinaire graphie. Insolents et curieux, ces animalcules casqués, trop anguleux pour Bosch, trop chthoniens pour Matisse, s'en vont en cliquetant vers une autre carrière, quittant la nuit des chutes pour les enluminures, l'éclat d'un texte réduit à sa seule initiale.

Là-bas, sur les rives lointaines où de dures peuplades enferment leur secret, une cohorte de bestioles se lève, qui clame la vérité d'un règne oublié, enfoui, mutilé. *Minima moralia.*

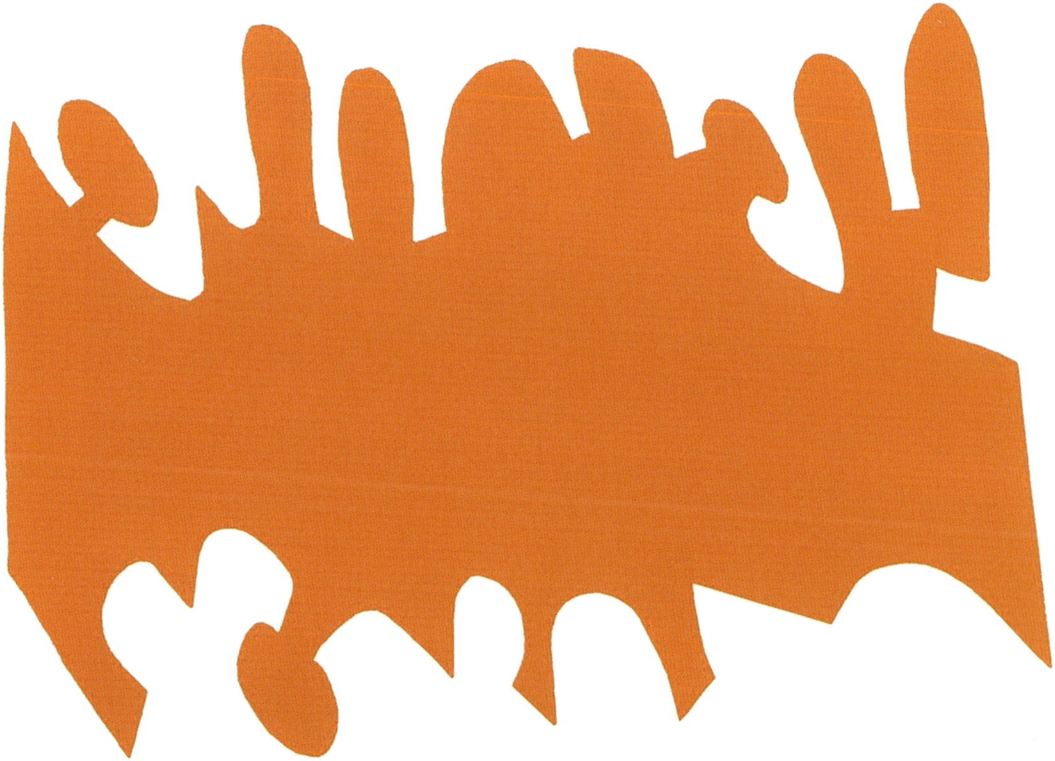

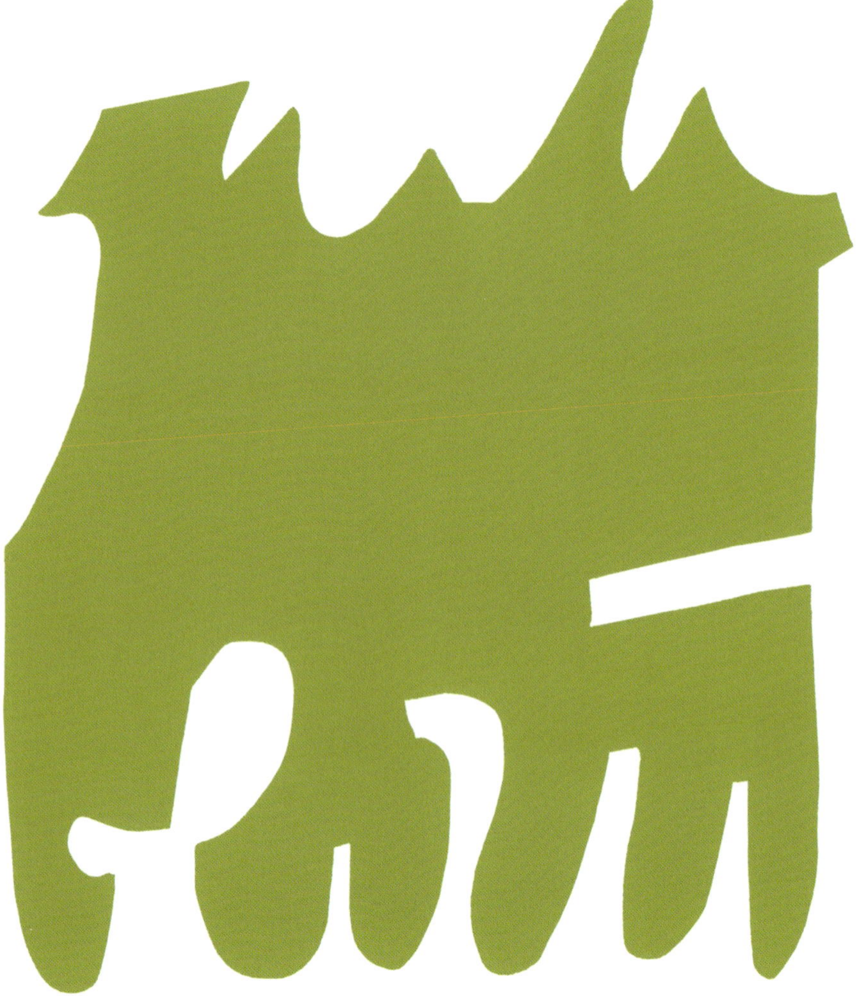

« C'est une vérité métaphysique que toute nature commencerait à se plaindre si on lui prêtait le langage. » Elle se plaindrait d'être triste, triste à en être muette. Elle se plaindrait d'être muette, ce qui la rend si triste. Pour échapper au vide de l'existence, il faut une résistance qui demande à parler. Qui saura jamais la douleur d'habiter son enveloppe, sans mot de délivrance pour fléchir l'éternité ? De ce désastre immémorial, la forme est sortie alambiquée, retorse, aussi comique que tragique, tels ces « bouffons estropiés – dont les gambades et les marottes exprimaient jadis le bonheur mélancolique d'une nature brisée ».

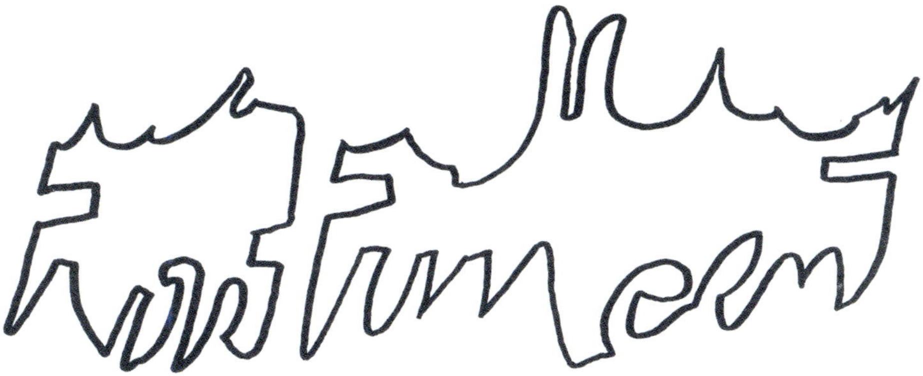

La distorsion participe de l'art, elle en fait la beauté, serpent exhibant la blessure où l'épine est fichée. Bouffons mutilés, êtres difformes, corps tronqués, bossus, contournés : tout ce qu'il a fallu de déchets et de rebuts pour façonner une norme lisse, polie, décente. Sans l'obscénité végétale et le monstre animal, on oublierait la confusion primitive, l'indiscrétion où elle plonge les contraires, dehors et dedans, dessus et dessous, devant et derrière. « Même évidence à marcher à reculons qu'en avant. Avancer ne s'impose qu'après un processus de sélection. » Rien qui se mette à l'endroit non plus qu'à l'envers. Des saillies, des tiges, des queues, des pattes : c'est le règne protozoaire de l'excroissance, l'empire de l'absorption.

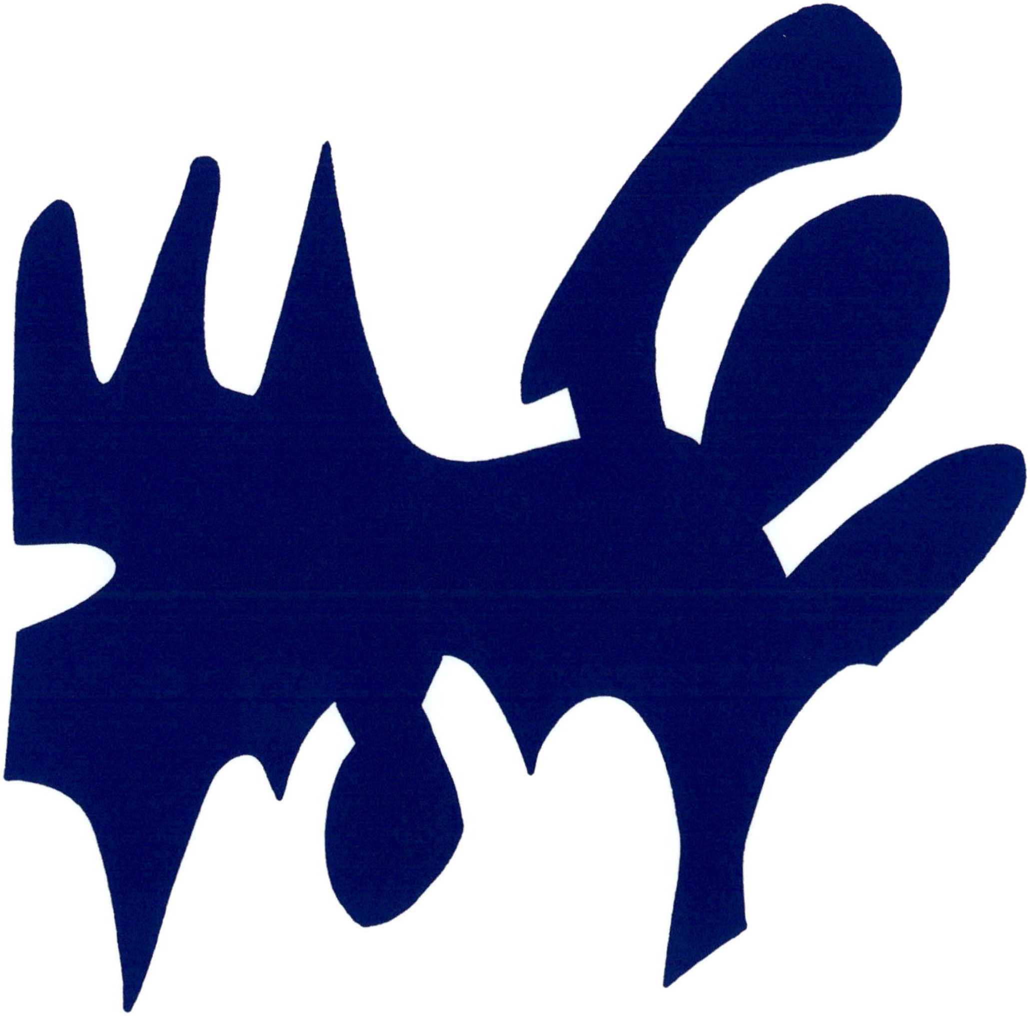

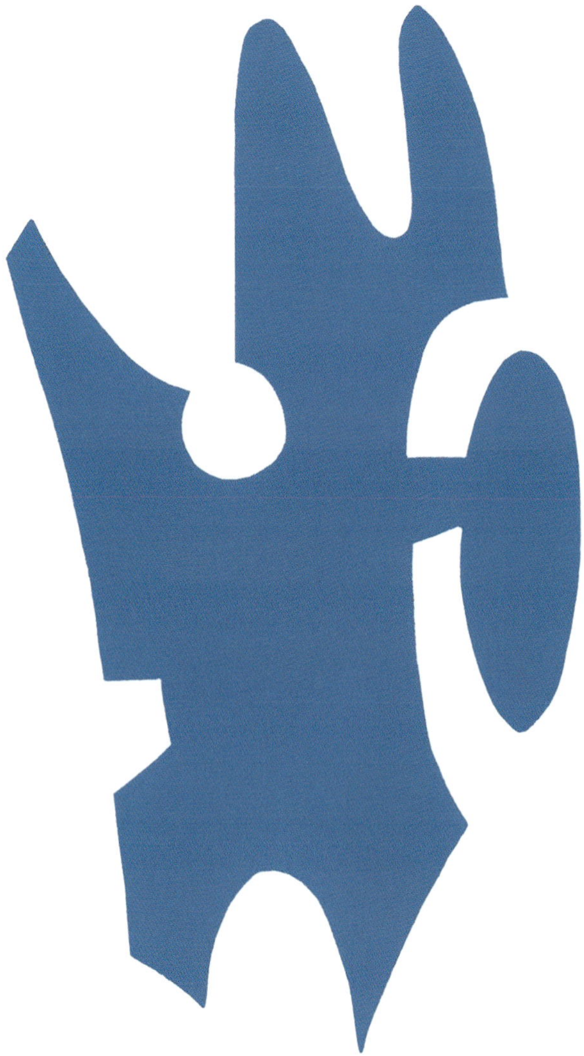

Sans dos, pas de face ; sans ombre, pas de corps ; sans chute, pas d'épure. « Joie de tirer un petit cheval : de conduire un train. Être suivi sur son propre chemin. Faire du bruit derrière soi. Quelque chose comme une suppléance dans son propre dos, comme un dos vivant et autonome. » C'est la joie de Schlemihl à retrouver son ombre, la trace, noir sur blanc, de sa réalité, le pantin qui traîne en contorsions derrière soi. Que l'ombre passe devant et se défile, la proie se voit lâchée. Jouer les doublures, compléter poliment l'essentiel, s'effacer devant le principal, et puis, un beau matin, jour de liesse ou de colère, prendre les devants. Le complément devient principal et, pour tout dire, sujet. Non pas sujet de la sujétion, sujet passif du verbe, qui n'est jamais que l'objet de l'action, son complément direct. Ni même sujet souverain, sujet actif du verbe et véritable agent. Mais le complément resté seul, plantant là sujet et verbe, partant vivre en première personne sa vie de supplétif. Solitaire, silencieux, aussi muet que la nature, il renie sa tristesse, n'attend plus d'être dit ou appelé, et trouve enfin la sagesse des images. Qui n'est pas de se tenir tranquille dans l'espoir d'être remarqué, mais de rompre le rang, manquer l'appel pour aller s'imposer dans les aplats de couleur. Finis le noir et blanc, le chagrin gris des ombres, le dépit des plagiaires. Des formes vives viennent brandir leur drapeau lumineux.

Une vie de complément, c'est une vie de chien. Jugez plutôt. « Se nourrit de charogne, de végétaux, farineux, pas de choux, digère les os, l'herbe le fait vomir ; déféquant sur une pierre : d'un blanc grec extrêmement acide. Boit en lapant, urine latéralement, jusqu'à cent fois s'il est en bonne compagnie, renifle l'anus de son prochain ; truffe humide, flair remarquable ; court de travers, va sur la pointe des pieds ; transpire très peu, langue pendante s'il fait chaud ; tourne en rond avant d'aller dormir ; ouïe assez fine pendant le sommeil, rêve. » C'est du Linné. Les histoires de chiens sont ennuyeuses, agaçantes, voire blessantes pour eux, quand elles veulent prouver l'intelligence canine. Loi de la mimesis : le double n'est qu'un faire-valoir, la voix de son maître, la copie dont le modèle se rengorge. Les vraies histoires, celles de Linné, sont autrement plus captivantes. Reste qu'elles disent la victoire de l'homme sur le loup ou le chacal. Domestiqués, ils deviennent des chiens, auxiliaires précieux et anthropomorphes.

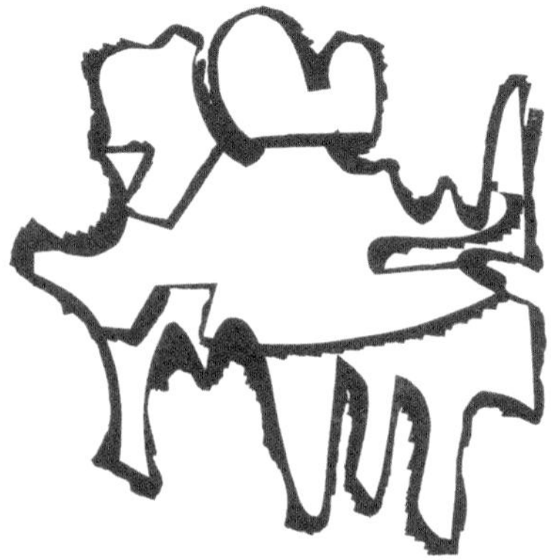

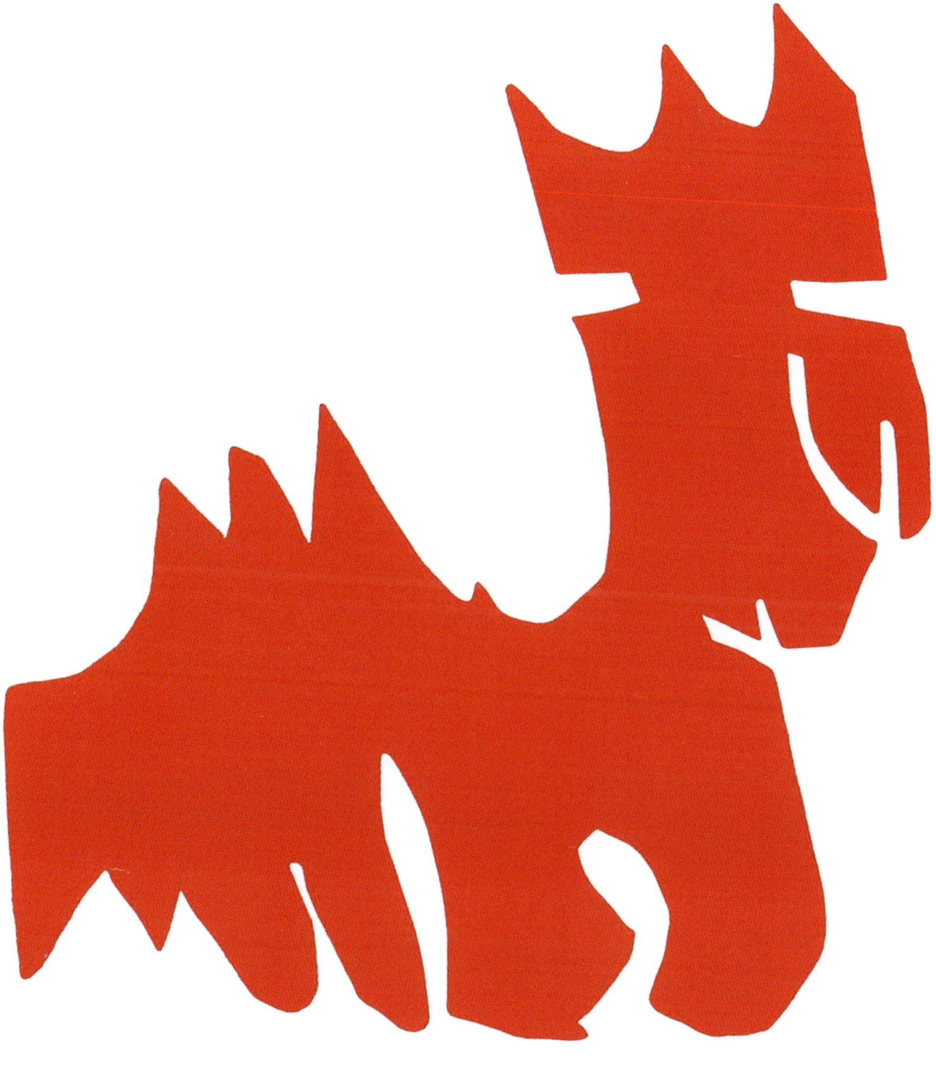

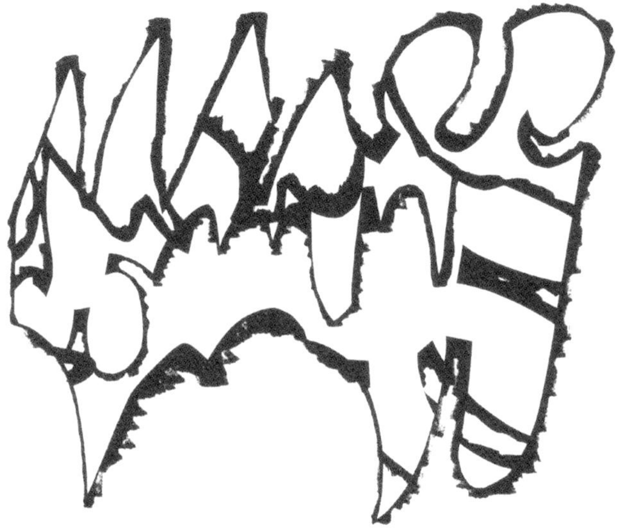

Nos camarades sont moins dociles. Pour décrire cette faune contournée, cornaquée qui se balade entre couture et colle, rappelons que « la vache est un animal qui a environ quatre pattes qui descendent jusqu'à terre ». Ce n'est pas du Linné, mais du Roubaud. Cela donne du jeu, du flottement, non au contour, bien net, mais à la page : on voit des pattes descendre sans atterrir. Des bêtes qui ne dansent, ni ne volent, ni ne marchent non plus. Elles ne touchent pas la terre. Sorties de ses entrailles, elles l'ignorent et progressent en lévitation. Le corps droit et les pattes inclinées, elles trottent en l'air, dans le blanc du papier.

Moins fidèles que des chiens, plus remuants que des chats, ce sont « les animaux de personne », « Dugong » ou « Colocolo ». Avec sa tête d'hippopotame, sa nageoire de poisson, l'hybride ne fait pas troupeau. Agneau-chat ou Paradoxure larvé, il déserte les espèces pour sonder les voies du rebut. Les restes ont la figure que prennent les choses tombées dans l'oubli, ils sont déformés. Montés au zénith, ils pavanent en protubérance et couleur primaire.

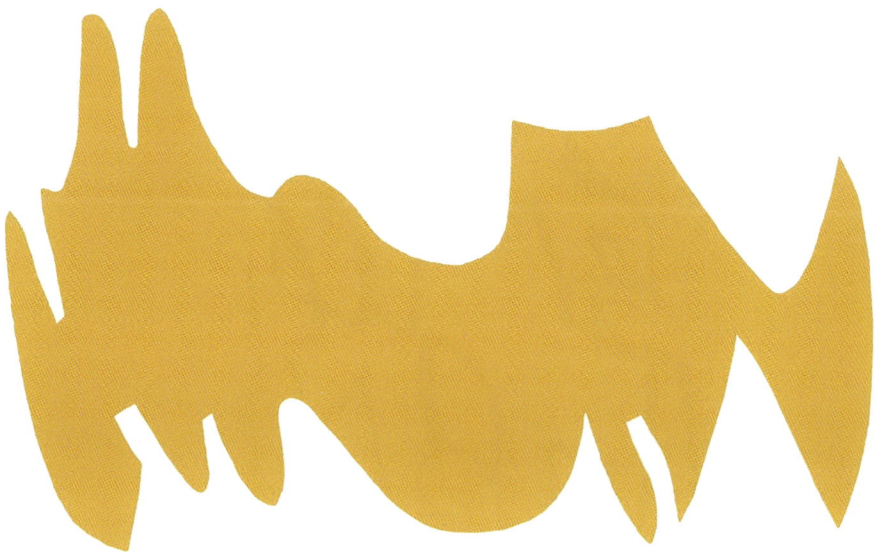

Se fixer pour objet la déformation, pour archétype le bossu, vestige qui nous scrute, entre prière et défi, gnome nous devançant pour chiper la cruche, casser le pot, engloutir la soupe. Le monde qui peuple le trou des caves se distingue mal de celui qui mine nos rêves. Monde de l'entre-deux, entre vie et mort, plante et bête, mâle et femelle.

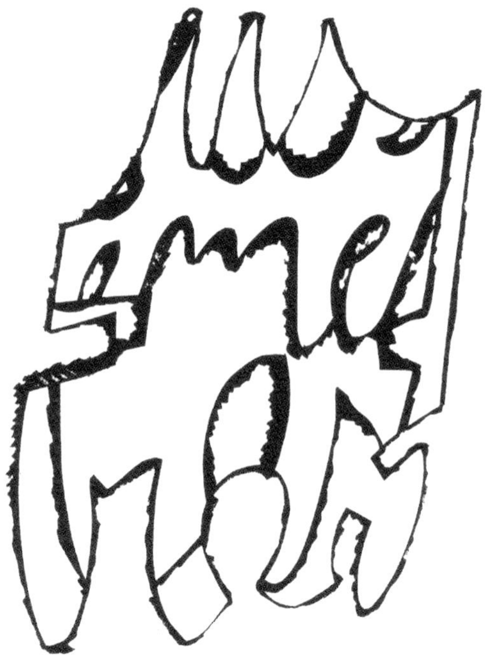

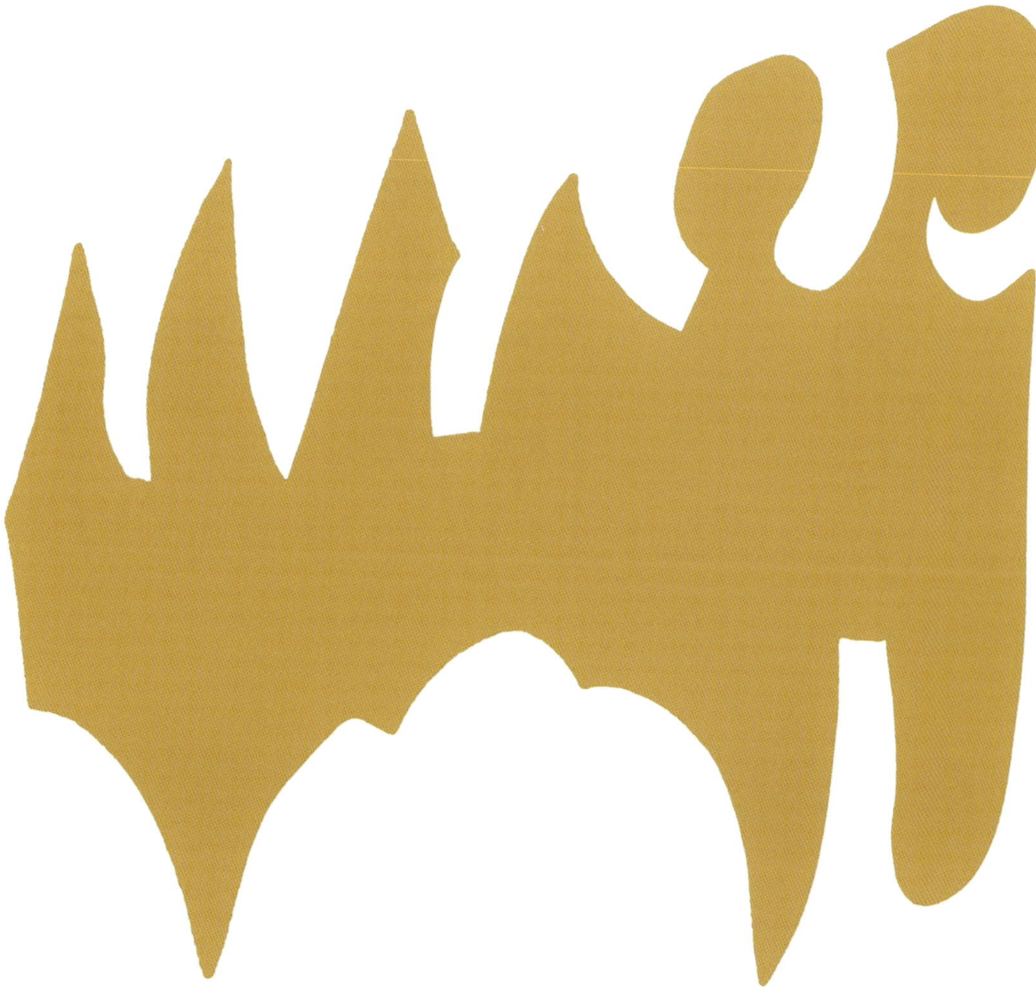

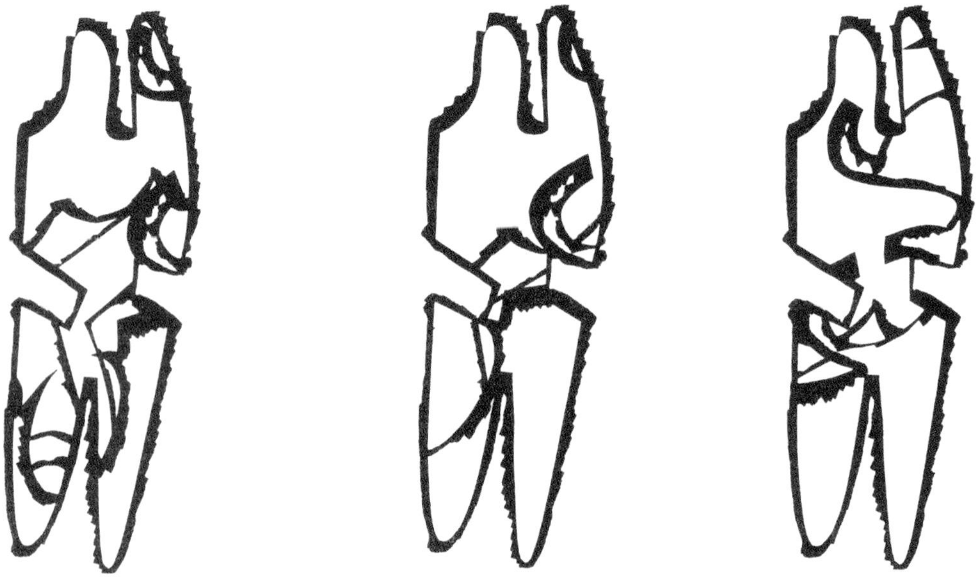

Esprits renards, monstres *tengu* habitent les *kawara*, lieux frontières du paysage, plages et berges désolées où se réfugient les misérables, ceux qui renoncent au socius, malades, artistes ou prostituées. Là, ces *hinin*, les « non-humains », apprennent la liberté des parias, inventent le *nô*, drame onirique où spectres et apparitions font revivre les morts.

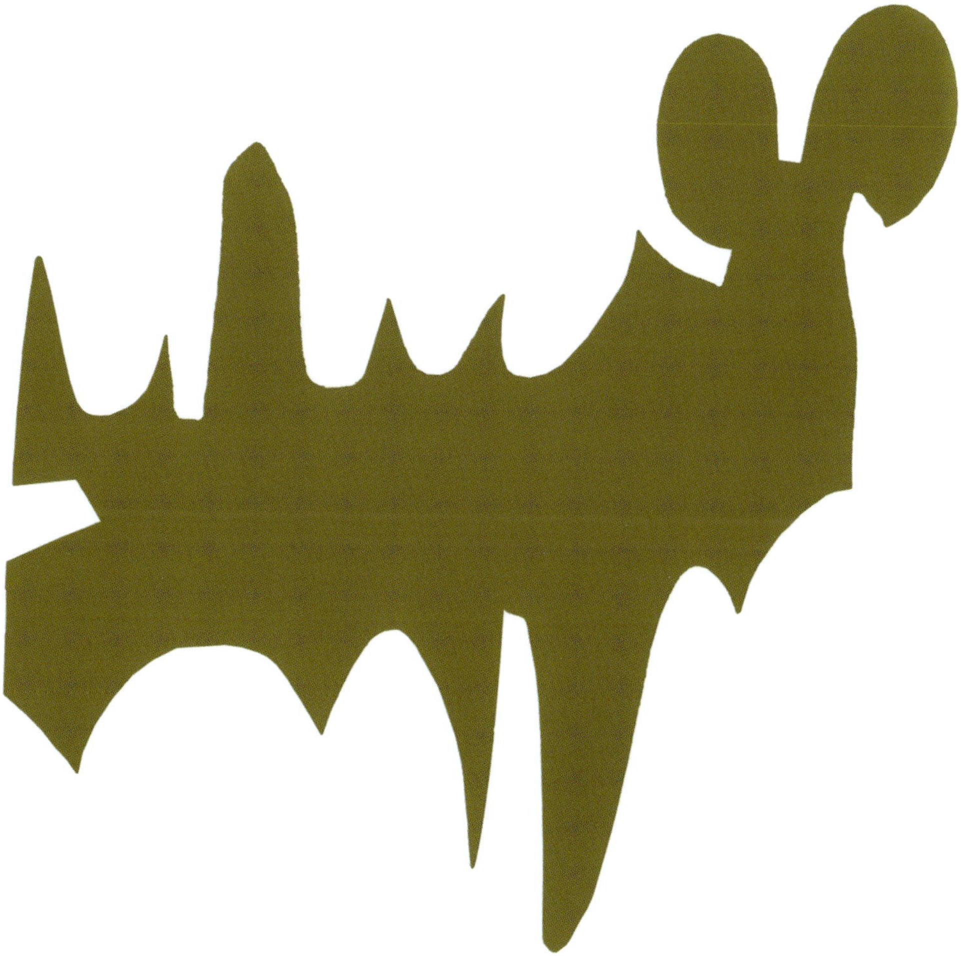

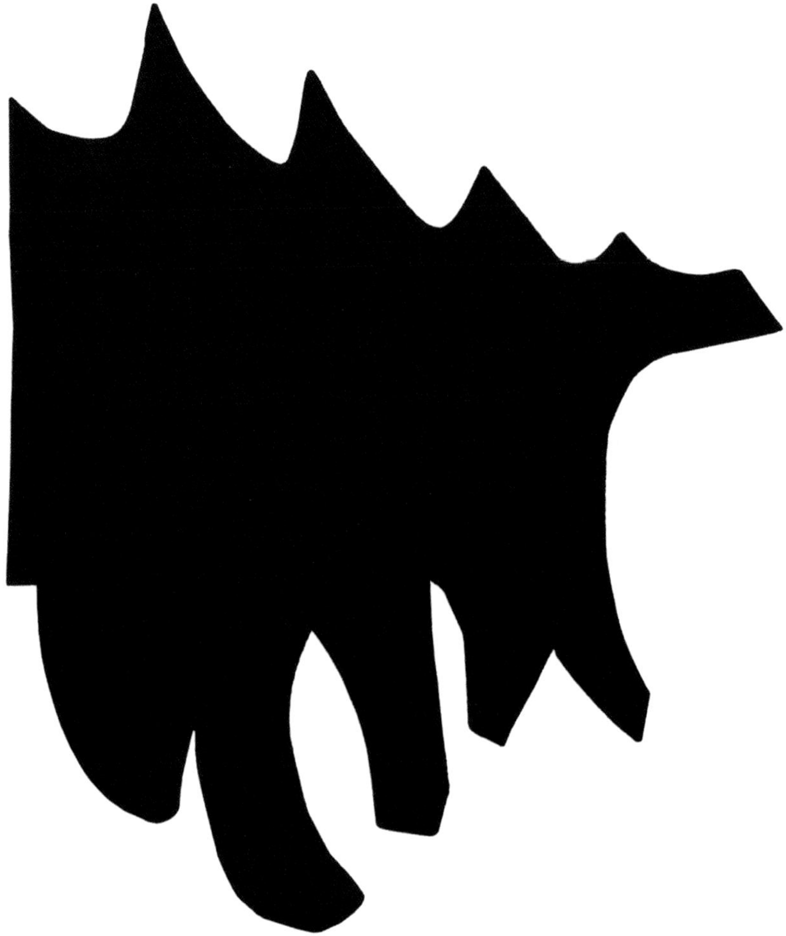

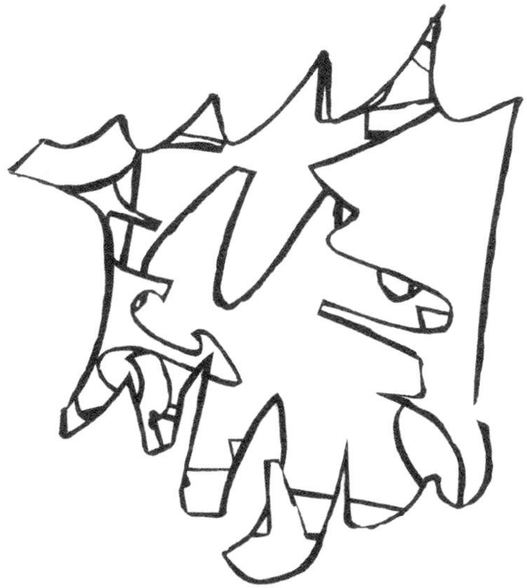

Ils ont la tache, la souillure de ceux qui font métier du déchet, ramassent les ordures, balaient temples et sanctuaires, nettoient étangs et puits. La mort est leur commerce. Ils lavent, brûlent ou enterrent les cadavres, abattent et dépècent les bêtes malades, gardent le cuir, sèchent les peaux, fabriquent les selles et les cuirasses des guerriers. Répugnants mais utiles, ils savent l'art des jardins, paysages de sables, galets et arbustes, projetés au sein des temples ou des villas, *kawara* enclos dans les murs. S'ils finissent *doboshû*, compagnons des puissants, ce sont des favoris redoutés et vils, gardant la figure d'intrus. Le plus souvent, ils restent déclassés, inquiétants et libres, ouvriers de « ce monde à l'envers » qui dit l'instabilité du Japon médiéval.

Peaux séchées et colorées, lettres écarlates déliées de l'écriture comme de la honte, nos petits lascars moqueurs et obstinés sont membres d'une autre confrérie : les aides un peu étourdis et vains qui peuplent les textes de Kafka. Pas vraiment détachés du giron de la nature, ils veulent tenir le moins de place possible et s'enroulent dans les coins en un bruissement de murmures et de rires étouffés. Zélés, maladroits, ils passent leur temps à épier, saluent militairement qui les regarde et s'avèrent un peu encombrants. Aucune de ces créatures n'a de place fixe ni de contours définitifs. Aucune qui ne soit saisie en train de monter ou de tomber, qui ne permute avec son ennemi ou son voisin. Aucune qui n'ait fait son temps et ne soit pourtant immature. Ici, les ordres et hiérarchies du mythe n'ont pas cours. On habite un registre incomparablement plus vieux, le monde intermédiaire, inachevé et quotidien, consolateur et inepte, où les seconds s'affairent, courant après leur geste perdu et leur corps oublié. Ces aides portent un peu de notre enfance, de notre vie présente aussi, de sa petite gaillardise inexplicable, réelle pourtant, qui résiste à tous les maux. « Pour eux et leurs pareils, pour les inachevés et les malhabiles, il y a encore de l'espoir. » Fragile salut de Benjamin.

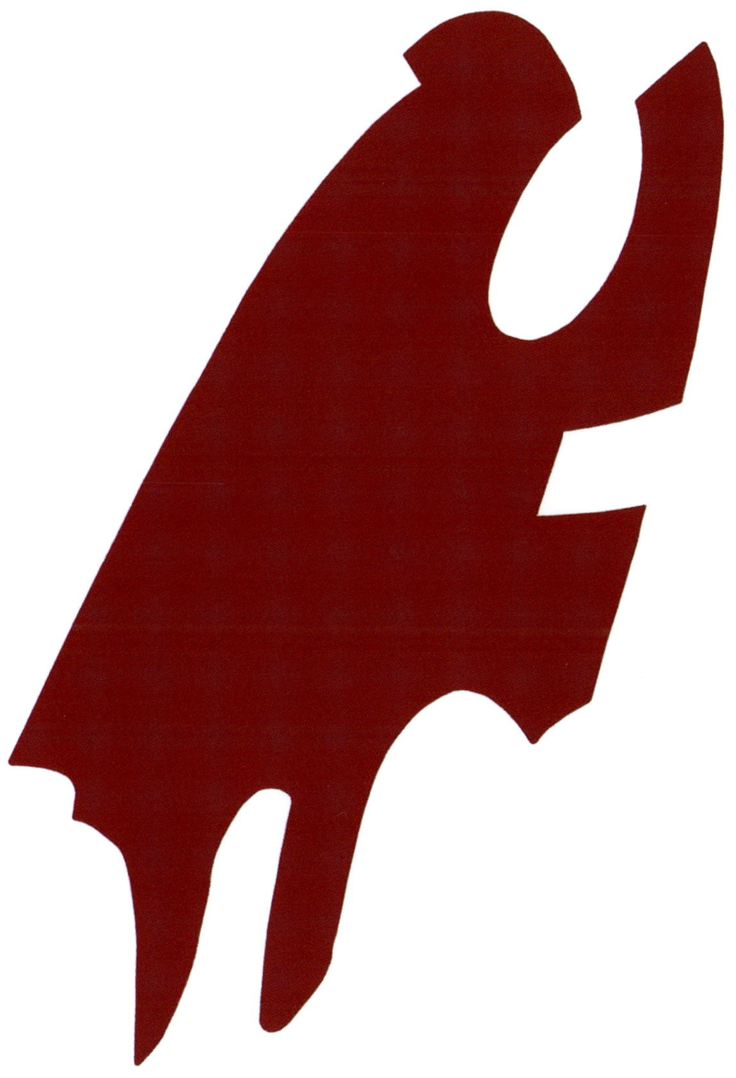

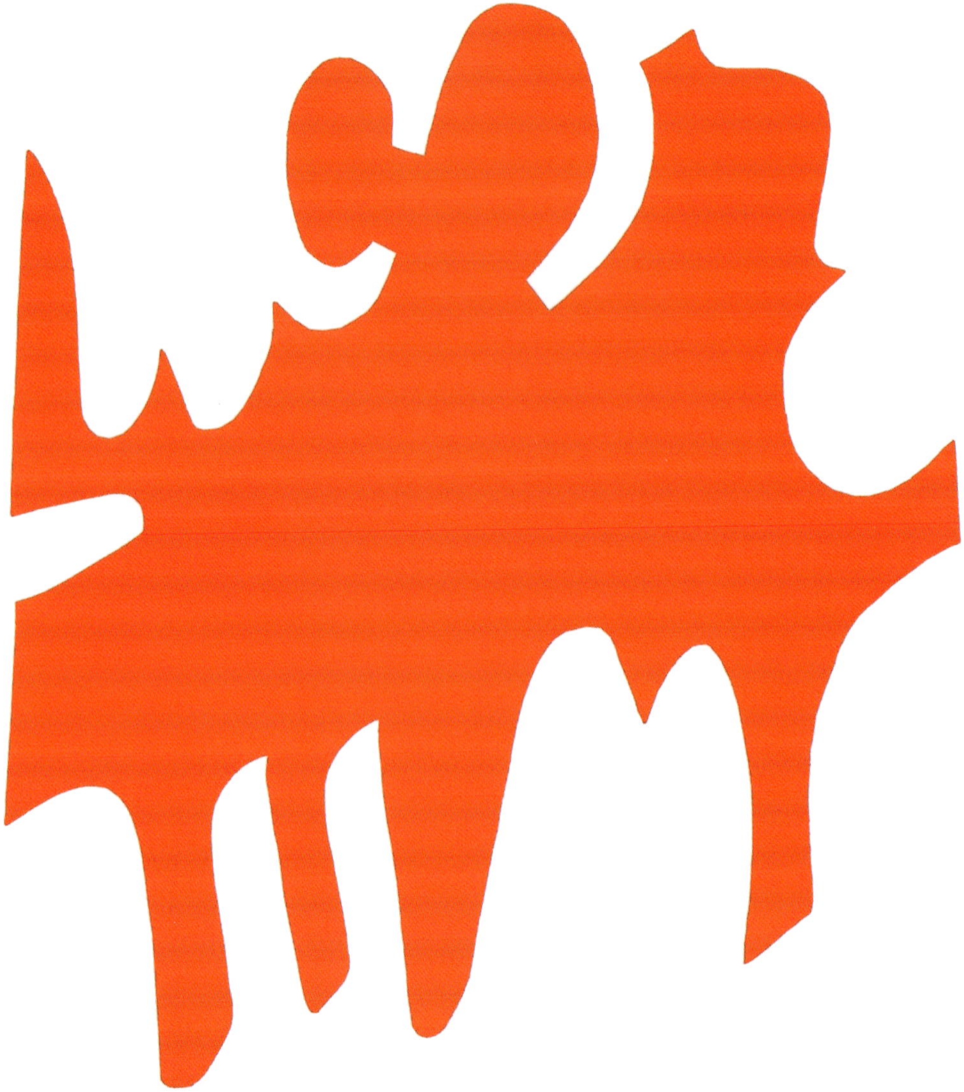

Bien voir ce qu'il y a de corporel, d'organique dans l'écriture et la peinture. Les matières, pâtes, papiers, bois, cuirs et tissus à tailler, inciser, décalquer, colorier. *Graphè* et *zôgraphia* où saisir la figure du monde, sa densité, sa matière. Couper et coudre. La création a peut-être été cousue, plutôt que pétrie. Elle a des traits si nets. Enfant, on joue avec les lettres, figures dodues ou élancées, ayant tête, dos et jambes. On colorie les creux enclos dans les boucles. On efface. On essaie l'autre main, la « gauche », pour voir ce qu'elle peut faire. Elle hésite, animal étrangement familier. La feuille dans l'autre sens, les mots la tête en bas, on déchiffre à l'envers. Dans le miroir : impossible. Tout est désorienté et se fait à rebours. Inversion, distorsion, retouche, on recommence. Sans compter l'anagramme et la contrepèterie, le rébus mélangeant tous les signes : dessins, chiffres et caractères. Il est des métiers qui travaillent à l'envers : coudre, tisser. Écrire aussi. On prend rythmes et sons, on ajuste, on retourne. Et soudain on « se trouve environné de sens ».

redire un mot jusqu'à la lie, lui faire déposer la chose qu'il est.

redire un mot jusqu’à la lie, lui faire déposer la chose qu’il est.

Écrire, décrire. *Beschreiben*, dit l'allemand. Écrire par-dessus. Couvrir d'écriture et, pour finir, couvrir l'écriture. La charger de dessins : gribouiller. La noyer de couleurs : barbouiller. Un pied sort toujours, une forme qui serve de phare. Les objets réclament un mode d'apparition fondé « sur le seul rapport qui les lie à l'espace, qui exprime, non pas leur dimensionnalité, mais la tension de leur contour ». « Sans cela la surface n'arrive pas à la concentration, elle reste bidimensionnelle et ne peut avoir d'autre profondeur que celle, perspectiviste et illusionniste, du dessin. » Il faut la profondeur en surface, le cercle carré.

Se demander si l'image est verticale : tableau. Et le signe horizontal : livre. Peut-être tout se tenait-il couché : mosaïques, planches, rouleaux. Et puis s'est relevé : stèles, retables, réclames. Ou alors, c'est un va-et-vient : l'écriture est passée de l'inscription dressée au manuscrit incliné sur le pupitre, pour se coucher dans l'imprimerie. Elle se relève lentement : le journal est quasi debout, le film et la publicité tout droits. Qui va la recoucher ?

Garder les yeux au sol, c'est se mettre en chantier. Fouiller la terre, la langue, l'histoire, la psyché. Sonder la matière. Fouiller en surface pour voir une déformation, la trace d'une déclivité, d'un infime *clinamen*.

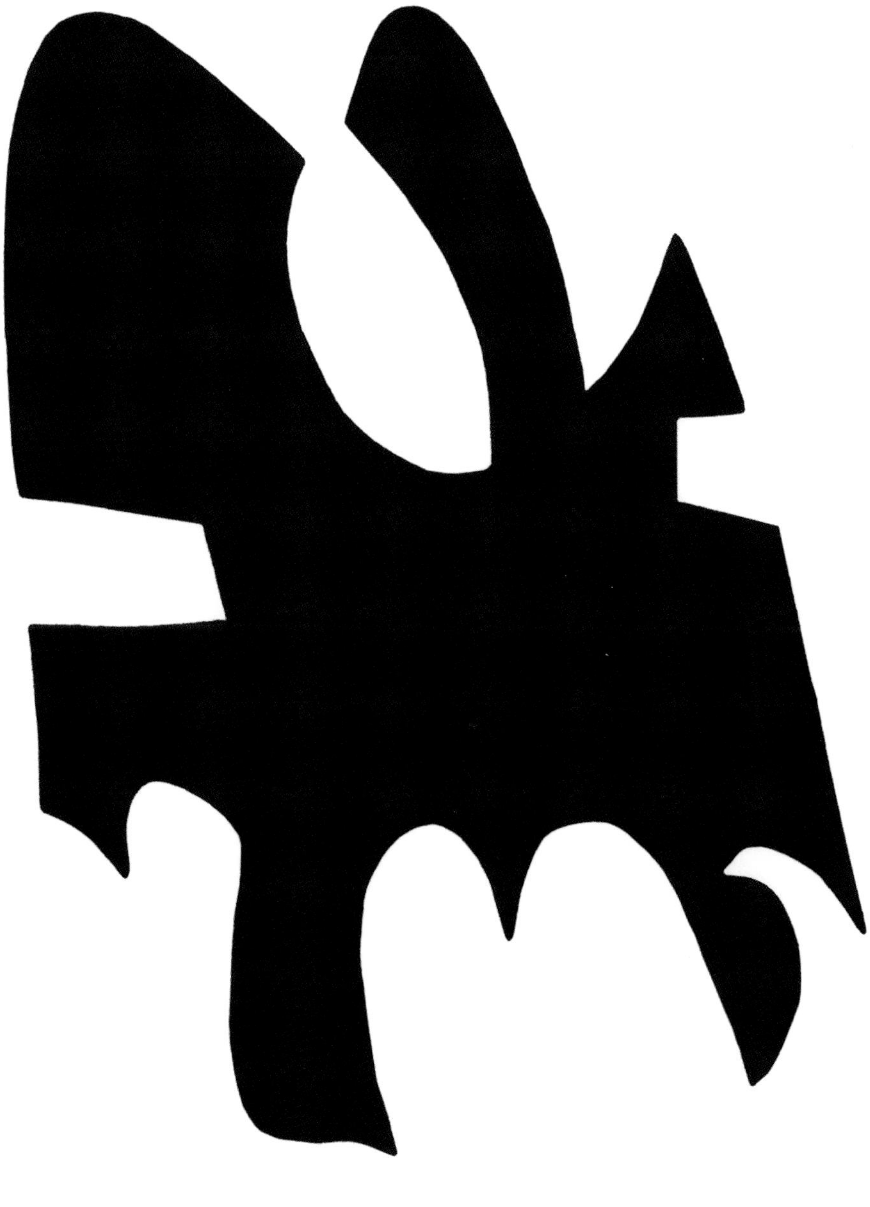

inutile de creuser :

il n'y a rien dessous.

Le profond est à l'air, telles ces bêtes bariolées dont on dirait les organes déballés, offerts en guise de peau. L'intérieur se prend entre les lignes, dans la mosaïque de fissures où le terrain se craque, grand puzzle qui libère la foule des oubliés, sujets sans roi ni loi, rebelles découvrant dans le papier l'abri de leurs cabrioles.

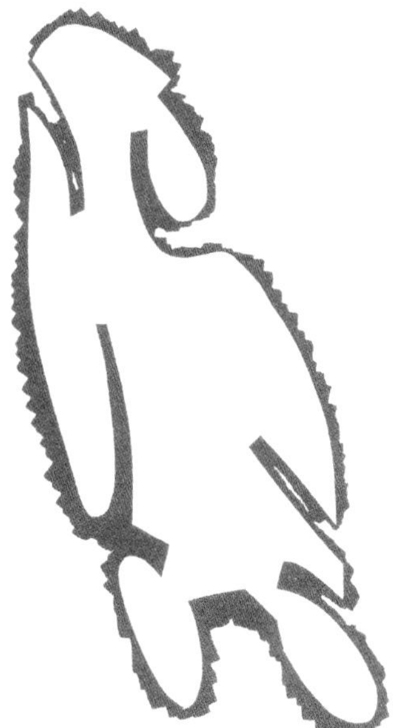

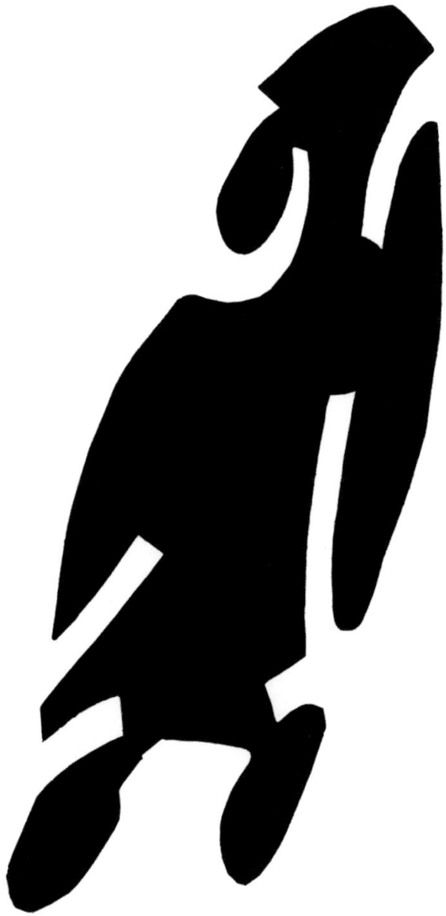

Les figures, formes ou dessins colorés qui ornent *Milieux des gestes* ont une genèse singulière dont le titre rendrait compte mieux encore s'il précisait : *Milieux des gestes d'écriture.* Mais l'affaire prenait alors un tour technique qui en altérait le charme et réduisait trop l'autonomie de ces intersignes espiègles qui profitent ainsi plus longtemps de la surprise.

On peut révéler ceux-ci grâce à une procédure simple, ludique et – à l'occasion – applicable à l'écriture de tout un chacun. Pour provoquer ces formes, organiser leur venue, il suffit en effet de prolonger les hampes montantes ou descendantes des consonnes d'une ligne de mots jusqu'aux lettres de la ligne supérieure ou inférieure. Ces traits agrandis cloisonnent alors l'interligne en micro-espaces dans lesquels abonde et prospère un « petit peuple » agité dont sont ici présentés quelques spécimens bruts de décoffrage. Colorés mais sans la moindre retouche de dessin. Figures ou scories, ordinairement invisibles, elles intriguent par l'organicité de leurs contours anthropomorphes ou animaliers. Mises au jour, ces répliques constituent une sorte d'anti-matière textuelle ou, si l'on préfère, un genre de négatif de l'appareil graphique. Avant de les réunir, le choix est embarrassant tant l'infinie prolifération des formes surprend par sa richesse.

Interrogé, sollicité par l'œil d'un peintre, lecteur distrait sans doute, le lieu commun de l'écriture retrouve sa dimension plastique ; trace vivante : l'écriture héberge, nourrit, offre d'autres ressources que le seul sens qu'elle véhicule si bien. Sa transparence agit le temps de la lecture, qui s'en trouve favorisée, elle est aussi un voile ou une convention qui souvent endort le regard et prive le tissu des signes de sa nature d'image.

Michel Danton
juin 2015

Le texte qui accompagne les formes ici présentées doit son titre à Michel Danton, à sa lecture d'un article de Georges Didi-Huberman, « Le souffle généalogique de l'image » : « *milieu* des gestes », au singulier et en italique, y ponctue une réflexion sur le mouvement des corps dans les œuvres du Quattrocento (Donatello et Alberti).

Cette première dette donne sa facture, en double fond, aux présents *varia* dont beaucoup de mots et d'idées sont empruntés à des auteurs qui ont su éveiller le « monde à l'envers » des déchus. De ces êtres muets, tordus et agités qui peuplent caves, berges et rêves où l'enfance se disperse, Kafka est sans doute le gardien le plus sûr. *Le Château*, « Un croisement », « Joséphine ou la cantatrice » inscrivent leur sévère fantaisie dans les pages du présent livre. Cela vaut aussi de Walter Benjamin, de ses commentaires de Kafka – « Franz Kafka, *Lors de la construction de la muraille de Chine* » et « Franz Kafka. Pour le dixième anniversaire de sa mort » –, de ses réflexions sur l'enfance, le jeu et l'écriture : *Lumières pour enfants*, *Sens unique* précédé de *Enfance berlinoise*, ou encore *Fragments*.

Ce ne sont pas les « pattes de mouche », graphisme incertain et prohibé, qui intéressent M. D, mais les trompes, les cornes, les pinces qui enferment la mobilité des mots et les lestent du silence des bêtes. À ce mutisme animal, Benjamin a d'emblée donné sa violence – comme dans « Sur le langage en général et sur le langage humain » –, tout comme Max Horkheimer et Theodor W. Adorno l'ont fait dans *La Dialectique de la raison*. Jacques Roubaud y aura ici ajouté l'humour traversant *Les Animaux de personne*, et Pierre-François Souyri la liberté des « non humains », ces parias nippons décrits dans *Le Monde à l'Envers. La dynamique de la société médiévale*. Pour une fois, le sens oblique que Maurice Merleau-Ponty traçait dans « Le langage indirect et les voix du silence » aura vraiment pris la tangente.

À tous ces auteurs, les mots de *Milieux des gestes* disent leur dette.

Corinne Enaudeau
juillet 2015

Milieux des gestes a d'abord été un livre d'artiste, leporello de format 22,5 x 22,5 cm, orné de linogravures, tiré à 60 exemplaires numérotés, à l'enseigne de la galerie Le Domaine perdu à Meyrals (Dordogne), en novembre 2006.

Achevé d'imprimer en octobre 2015
sur les presses de l'imprimerie Chirat
pour le compte des éditions Les Belles Lettres
collection « encre marine »
selon une maquette fournie par leurs soins.
Dépôt légal : octobre 2015
ISBN : 978-2-35088-096-9